HEIL CORONA

Klaus Jörg Ruff

Kulturrevolution

à la Merkel

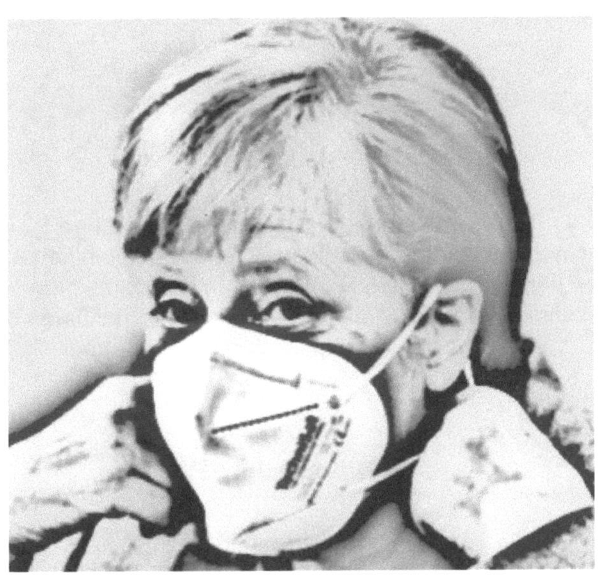

Huch!

Bibliografische Information der Deutschen Nationalbibliothek: Die Deutsche Nationalbibliothek verzeichnet diese Publikation in der Deutschen Nationalbibliografie; detaillierte bibliografische Daten sind im Internet über http://dnb.dnb.de abrufbar.

Herstellung und Verlag
BoD – Books on Demand, Norderstedt

ISBN: 978-3-7526-4459-3

Liebe Leserinnen und Leser!

Um es vorwegzunehmen, die vielen Fakten und Zusammenhänge, Vergleiche und Schlussfolgerungen, zwangen mich, linguistische Regeln großzügig auszulegen und teils Sätze zu schachteln.

Der historische Bezug hat jedoch mein Blut in Wallung gebracht und getragen von Emotionen artikuliere ich mich zum Teil so, wie mir die Feder gewachsen ist, sodass, Sie merken, es geht schon los; der Text anspruchsvoll zu lesen - aber nicht minder brisant ist.

*

Kennen Sie es, das Führungsprinzip der Differenzierung?

Noch nie gehört? Sie sollten aber!

Denn wenn nicht, dann bewegen Sie sich im falschen Corona - Film, nehmen vielleicht an, Politiker wären dumm, allesamt sogar, doch weit gefehlt.

Sie selbst sind es, die entweder, von unten, aus der klitzekleinen Welt, die da oben, weltweit agierend, beurteilen, Ihr eigenes revolutionäres Potenzial spüren, jedoch es nicht entfalten können, gar ein Wasserwerfer ihnen das Wasser bei eisigen Temperaturen abgegraben hat, welch Ironie oder was im Grunde genommen wirklich schlimm, Sie lieber Leser, bereits vollständig „differenziert", den Bezug zur Wirklichkeit verloren haben und nur noch Fragen stellen, die medial, in Dauerschleife, Ihnen in den

Mund gelegt werden und „Schweigegeld" oder das Hinüberretten in die Rente, die Lust am komplexen Denken genommen hat.

Das Gute daran, sie leben ruhiger, kommen, auch wenn sie politisieren, nicht über ein „Wettergespräch" hinaus, also, hast'de schon gehört... die Inzidenz bei nullkommavierundfünfzig, nee ab heute wieder bei einskommanull, nein nicht nullkomma, ich verstehe es nicht..., wieso sterben so viele Leute im Altenheim?

Alter, geht's noch? Die wohnen da, weil sie kerngesund sind, alles mega cool da. Partystimmung auf den letzten Metern. Kommen aus dem Schlafanzug nicht mehr raus, relaxen halt, hängen ab, was sonst.

Nun aber ernsthaft: Die EU-Vize Barley schwingt im Übermut die Politkeule und verplappert sich und ich werde hellwach. Was geht hier ab? *„Aushungern"* hat sie doch wirklich rausgehauen und sie müssen mir doch rechtgeben, dass man geneigt sein könnte, anzunehmen, dass die, eben Barley und die zigtausend Parlamentarier, Staatssekretäre und Minister, mit Mut und Willen, eine Insolvenz mit „Corona" choreografieren wollen, aus der wir alle, weichgekocht und „ausgehungert", sie meinte natürlich das Geld, zu allem bereit und hochmotiviert, widerspruchslos und bis zur Halskrause verschuldet, unsere Aufträge online entgegennehmen, selbstverständlich wissend, dass wir so wie bisher, schon lange nicht mehr weiter machen konnten.

Eine Pandemie hatte immer etwas Dynamisches, eine spezifische Dramaturgie!

Wer in Gottesnamen, frage ich mich, wusste und artikulierte zu Beginn der Corona-Geschichte, zum

Zeitpunkt *als Politiker und das staatliche RKI noch beschwichtigten*, die sogenannte „**Neue Normalität**"? Gar von einer **Corona – Generation** war die Rede.

Wer? Michel de Nostredame? Nein. Ausnahmslos alle Damen und Herren der hohen Häuser!

Hallo, da war doch von vornherein alles gegessen! Hausarrest, Kontaktsperre, Reiseverbote, alles suggestive und dann Grenzschließungen.

Schlagen wir nach, so finden wir: „Normalität bezeichnet in der Soziologie das Selbstverständliche in einer Gesellschaft, dass nicht mehr erklärt und über das nicht mehr entschieden werden muss. Dieses Selbstverständliche betrifft soziale Normen und konkrete Verhaltensweisen von Menschen. Es wird durch Erziehung und Sozialisation vermittelt."

Das war ganz am Anfang, als Corona sanft eingeläutet wurde, eine glasklare Ansage der Politik!

Wer diesen Schuss nicht gehört hat, ist taub.

Wie geil ist das denn Alter? Von Knall auf Fall und fort war sie, das was Leute so landläufig unter Demokratie verstehen. Outgesourced, Gott weiß wohin.

Wozu zusammenhocken und Demokratie spielen? Ohne Geld, keine Demokratie.

Die Welt kann sich die Welt nicht mehr leisten! Es wird Zeit brauchen, bis die Menschen wieder wissen von welcher Arbeit sie sich ernähren werden.

Die deutschen Schulden und die zunehmende Abhängigkeit von ausländischem Kapital, die DAX

Konzerne spekulierten sich fast tot, allein für sich genommen, haben in dieser Weltwirtschaftskrise das Potential Europa in den Abgrund zu stürzen. Aber wir stehen besser da als 2010 und allein dieser Zahlensalat genügt, um kein Gespenst (des Kommunismus) umgehen zu lassen.

Den Unterschied zwischen prozentualer Schuldenlast und dem Netto Betrag haben die Wähler offensichtlich noch nie auf dem Schirm gehabt. Wo man auch hinhört, **von Italien bis in die ungarische Tiefebene, die Kanzlerin ist die Beste**.

Wir können gespannt sein, ob und wann der Staatsapparat reformiert wird, denn da „unten" wurden einige Bereiche schon vor Jahren geschreddert und der Rest geht jetzt über den Jordan. Da gibt es nicht mehr viel zu holen!

Wachstumsideen sind gefragt und **„Banker ohne Grenzen"** besetzen Europas Ministerposten.

Das Hickhack der Maßnahmen ist Programm und Herrschaftsprinzip.

Nehmen wir den Klassiker: das Friseurgeschäft. Als es zwischenzeitlich geöffnet hatte, saß eine Kundin im Laden und wurde von einer Maskierten mit der chemischen Keule behandelt, während eine zweite Dame draußen auf dem Bürgersteig auf einem Stuhl, in der Hand einen aufgespannten Regenschirm, es regnete, mit Maske Platz genommen hatte. Für jeden nachvollziehbar, diese Virenschleuder musste geschlossen werden. Nun, da nicht nur dieses Geschäft geschlossen, steigen die Sichteinlagen der Bürger auf den Konten, die Köpfe werden grau und die Banken haben Zugriff auf den Geldstau. So kommt man auch zu Geld. Denn wer sich einbildet, das Geld wäre auf dem Konto, irrt. Da steht nur eine Zahl. So kosten Angestellte, Beamte u.ä. im Grunde genommen kein Geld. Die monatlichen Bezüge werden, als Zahl überwiesen und es wäre egal, ob man genau die gleiche Summe, nach Art „zero sum game", nehmen (Verlust) und nächsten Monat (Gewinn) wieder überweisen würde. Wehe dem, jeder wollte alles Geld auf einen Schlag, denn dann würde Buchgeld in Bargeld gewandelt, es würde sozusagen seinen Aggregatzustand ändern. Zur Sicherheit wurde dafür, aus gutem Grund, eine Obergrenze installiert.

Es sei daran erinnert, dass die Staatsbediensteten, zur großen Weltwirtschaftskrise des vergangenen Jahrhunderts, auch zu den Verlierern gehörten, da der Staat keinen Lohn mehr zahlen konnte.

Eine Möglichkeit des Staates wäre noch, die Begrenzung des Zugriffs der Bürger auf das Geld am Geldautomaten, wie in Griechenland, Zypern…, als Reaktion auf den Kreislaufkollaps. Eine andere Möglichkeit war und ist es, den Bediensteten keine Löhne zu zahlen, das hätte bedeutet aus der Geschichte nicht gelernt zu haben, jedoch die Bürger am Geld ausgeben zu hindern funktioniert, indem Geschäfte, Restaurants, Theater, Fußballstadien usw. geschlossen werden und sie, wenn möglich von zuhause arbeiten. 1933 waren Kinos, Theater, Restaurants leer, weil die Menschen kein Geld hatten und das Reichsministerium erarbeitete Pläne zur Kreditfinanzierten Konjunkturpolitik. In dieser Krise machen wir sie einfach zu. So wird es nicht gleich zum Desaster, sondern vielleicht zur Chance. Bedenkt man, dass der Bundestag **bereits 2013 über die bevorstehende Pandemie, mit einem neuartigen Corona – Virus**, ausgehend von einem chinesischen

Wildtiermarkt und transportiert durch zwei Reisende aus China nach Deutschland, informiert wurde, *vergleiche Bundesdrucksache 17/12051, 3.1. 2013, insb. S. 55 – 87,* und entsprechende Pläne in Auftrag gab und die Regierung am Beginn der Coronakrise so tat als wäre nichts im Busch, so erkenne ich darin eine sehr stabile Politik, eine Politik der Hinterfotzigkeit und der Lüge, deren Potential eine enorme Anziehungskraft haben muss, denn es übermannt mich die Einsicht, dass sich die meisten im hohen Hause gesucht und gefunden haben, vorausgesetzt man ist im Glauben, dass die da alle für uns herumspringen. Denn Investorenfreundlich läuft es schon, mit Studien zum massenhaften Impfen 2009, darauf komme ich noch, Studien zur Coronapandemie 2013, das Virus breitet sich seit vielen Jahren von Asien nach Europa aus, in der Studie stand sogar fest, wo es ausbrechen wird, und dem Pandemieplan der Bundesregierung von 2015. Wer investieren wollte, hatte Planungssicherheit. Sehe ich mir den deutschen Gesundheitsminister (Investmentbanker) an, so erkenne ich an seinem Auftreten, dass er im Plan liegt und die Geldschöpfung zu laufen beginnt. Eiskalt. Etwas nachjustiert wurde nebenbei und das Eintreffen des Virus auf November 2019 vorgezogen, dem ungefähren Zeitpunkt des interkontinentalen Kreislaufkollapses, um Notmaßnahmen möglichst rechtssicher mit dem Virus in Verbindung bringen zu können.

Zum Vergleich: 1933, nach dem Crash, galt sparen als Erziehungsziel. „Mit Erfolg - die Spareinlagen der Deutschen nahmen rapide zu. Lagen 1932 noch 13 Milliarden Reichsmark auf deutschen Konten, hatten im Jahr 1944 die sparsamen Deutschen schon 97 Milliarden Reichsmark auf die Bank geschafft. Was den meisten von ihnen nicht oder kaum bewusst war: Sie sparten mitnichten für die Erfüllung ihre Konsumwünsche, sondern vor allem, um den Krieg zu finanzieren. Diese „**geräuschlose**" Rüstungs**finanzierung** konnten die Nazis durchsetzen, weil auch die Sparkassen gleichgeschaltet waren und dort in den Leitungsgremien vorwiegend stramme Nationalsozialisten saßen. Die Sparkassen und Banken wurden außerdem gesetzlich verpflichtet, das Geld ihrer Kunden in Staatspapieren anzulegen. Über diese Staatspapiere wurde die Rüstung finanziert." (www.mdr.de MDR Zeitreise)

Was heutzutage finanziert wird, verschließt man uns im Moment. Wir kennen Zeiten, da wurden hierzulande amerikanische Kurzstreckenraketen mit Steuergeld angeschafft und deutsche Technik für den deren Einsatz flott gemacht. Wir erfahren über die Medien etwas von **Klimarettung** und **Digitalisierung** sowie deren Finanzierung.

Die Kanzlerin hat schon immer „Hand" gespielt. Selbst wenn sie in Rente geht werden wir nie erfahren was bei ihr im Skat lag. Feststeht, es waren nicht nur zwei Karten.

Spielt sie auf Zeit?

Es liegt aber auf der Hand, dass die Staatsfinanzen des Systems insgesamt ins Wanken geraten, treffender gekippt sind und hinter den Vorhängen ein Kampf tobt. Was passiert denn, wenn die Leute kein Geld ausgeben können, sei es, weil sie keines haben, das wird in der Öffentlichkeit mehr als unterschätzt, oder die Geschäfte geschlossen sind. Was passiert, wenn der Staat die Wirtschaft anhält, u.a. weil er, eigentlich im Namen der Steuerzahler, Teilhaber, Gläubiger und auch Schuldner ist, seinen Anteil nach der Finanzkrise noch erhöht hat und die „Firma", das klingt schon nach Mafia, insgesamt in den freien Fall übergeht. Was finanziert der Staat geräuschlos?

Das ruckartige Drehen in den Wind überfordert Teile der Wirtschaft, und wer ist so dreist, einem kleinen, „hinterherhinkenden" Land, ein Windrad aufzuschwatzen, wenn dieses noch nicht einmal einen Schraubstock hat.

Fest steht, die Finanzierungssummen für die Zukunft müssen erhöht werden. Dazu werden die Staaten in die „Trickkiste" greifen, Gesetze ändern und über unser Vermögen (beliebig) verfügen. Das Einbuchen der Sichteinlagen, das Geld, auf welches der Bürger jederzeit Zugriff hat, jenes Geldes was demnach tabu ist, ist Konsens unter Bankstrategen.

Wenn auf unserer Erdkugel neunzig Länder Notkredite beantragen, obwohl die ärmsten Länder bereits entschuldet wurden, also plötzlich gewaltig in die Bredouille geraten sind und auch unsere Regierung den Zug anhält, ohne dass er am Ziel ist, Putin androht auf den roten Knopf zu drücken und auf jede europäische Hauptstadt eine Atomrakete abzufeuern, wenn es jemand wagen sollte… dann frage ich mich, ob den Politikern das Virus zu Kopf gestiegen ist oder Corona als Mittel zum Zweck benutzt wird.

Das würde auch das unsägliche Hickhack erklären und mich verstehen lassen, warum ein Ministerpräsident, während des „Massensterbens", keiner wird die Bilder sich stapelnder Särge vergessen, nicht im Krisenstab schläft, sondern, zwischen Amtssitz, Wohnsitz und Residenz, außerhalb des 15 Km Radius, pendelt, in aller Seelenruhe Schnee schippt und dabei im Gespräch mit „Corona

Gegnern" nach Argumenten ringt, um die Existenz einer Pandemie nachzuweisen.

Die Pest hatte ihre eigenen Argumente. Da wäre ihm keiner auf den Pelz gerückt und vor die Tür wäre er auch nicht gegangen. Seinerzeit schloss sich die Obrigkeit, weil sie Schiss hatte, ein.

Wer die Coronakrise nicht mit dem Kreislaufkollaps des Kapitalismus zusammenbringt, hat nicht alle Tassen im Schrank.

Alternativlos und Wachstum um jeden Preis, inklusive - was im Weg steht wird weggeräumt - hätte als Vorwarnung der Kanzlerin bereits vor vielen Jahren genügen müssen. Das war der Übergang vom Dauerlauf in den Schlussspurt.

Selbstverständlich und es muss weder erklärt noch darüber entschieden, jedoch, die neue Normalität, „durch Erziehung und Sozialisation" vermittelt werden. Ich würde den Begriff der Domestizierung hierbei vorziehen, wobei Menschen über Generationen hinweg von der ursprünglichen Form entsozialisiert und differenziert werden. Das geschieht schon über tausend Jahre, nur hat die **Einzäunung** in der Gegenwart eine völlig neue ideologische Dimension angenommen.

Wie hoch muss das Wasser stehen, damit man solch eine Massenpsychose durchzieht.

Parallel dazu wird, hin und wieder, ein alter Knacker vor Gericht gestellt, der in seinen jungen Jahren, kaum mündig, in einem KZ Wache gestanden hat und Schuld auf sich geladen hat. So gerät die „Gehirnwäsche" nicht in den Verdacht, nationalsozialistischen Ursprungs zu sein. Die individuelle Zuordnung versperrt den Blick auf das systemische und müsste Historiker auf die Palme bringen. Einige Holocaustopfer beschweren sich seit Jahren über diese Art der Aufarbeitung.

Die Geschichte hat uns gelehrt, wer ganz weit links steht, ist nur einen Schritt von rechts entfernt. Hitler gewann so die Wahl.

Sprache ist Ausdruck des Denkens und so versuchen unsere Volksvertreter über die Sprache das Denken nachhaltig zu beeinflussen. Das, also Erziehung und Sozialisation, muss alles, logo, an den Mann und so gehen die Medienräte und ganze Truppenteile an Journalisten, ihrer Fantasie freien Lauf lassend, in die Spur.

Es ist mir, im Verlauf meines Lebens, noch keine Berufsgruppe untergekommen, welche für Geld nicht das abliefern würde, was ihr aufgetragen wurde und bei Nichterfüllung Sanktionen einkalkulieren musste. Tja, und für viel Geld…, Verdienstkreuz, da geht doch was! So setzt sich eine Mechanik in Gang, die, ob wir wollen oder nicht, als eine **Industrialisierung der menschlichen Spezies** selbst, seiner Psyche, seines Gehirns verstanden werden kann. Wird unsere Umgebung in höchstem Maße digitalisiert und unsere Tätigkeit Bindeglied der Individualsoftware, jeder in der auf ihn zugeschnittenen digitalisierten Welt lebt, werden wir unsere natürliche Umgebung, in Freizeit und belohnter Arbeit, verlassen und Teil künstlicher Wertschöpfungsalgorithmen. Also wenn das – dann das und wenn nicht – Pustekuchen, ein Umbruch, der aus Millionen abhängig Beschäftigten „Schein" – Selbständige, begleitet von revolutionären Veränderungen des Arbeitsrechts, macht. Ob nun gut oder schlecht, das sei dahingestellt, die Ausbeutung wird zunehmen und das Einkommen zur freien Verwendung, insbesondere für die Konsumwünsche, wird sinken. Aufgabenbezogener Tageslohn könnte dem Begriff des Tagelöhners neues Leben einhauchen. Bei Minuszinsen wird Einkommen zu Kredit und wenn die Autobahnen die Warenlager von heute sind, haben wir ohnehin dort nichts verloren. Auch in den Innenstädten dürfte dauerhaft Luft werden und Demonstrationen als traditionelles, vor allem auch lautstarkes Mittel mit Anziehungskraft, zur Durchsetzung von Interessen können wir uns in der neuen Normalität abschminken. Online-Petitionen, Demokratie in den Wind geschossen, könnten unser Kontakt nach außen sein und die Flut an digitalen, auf jeden individuell zugeschnittenen, Informationen wird uns ein Leben lang verwirren.

Auf der einen Seite würde **eine größere Selbständigkeit ein höheres Maß an Freiheit bedeuten** und im Grunde genommen ein echter Fortschritt sein.

Vor Karl dem Großen waren alle selbständig, Eigentümer und mit dem Adel auf Augenhöhe.

Auf der anderen Seite sind die Rahmenbedingungen derart ungenügend, dass mit unkalkulierbaren Verlusten zu rechnen ist, denn die meisten Menschen haben sich daran gewöhnt, dass für sie einer denkt und genau genommen viel zu wenig Einblick in entscheidende Prozesse. Gleiches Recht für alle gilt dabei auch nicht. Privat geht vor Katastrophe ist Standard und Freiheit, Eigenverantwortlichkeit ist für die Mehrheit ein Schreckgespenst.

Die **„Neue Normalität"**, übersehen wir es besser nicht, hat auch eine kausale Komponente. Dieser Begriff beschreibt keinen abnormen Ausnahmezustand, welcher eine

Episode in der Menschheitsgeschichte beschreibt, sondern verbildlicht einen neuen **dauerhaften Zustand**.

Nehmen wir nun an, dass, rein hypothetisch, die Mehrzahl der Menschen, eins und eins nicht zusammenzählen kann, also, obwohl alles aber auch wirklich alles einen fiskalen Zusammenhang hat, der **deutsche Finanzminister** öffentlich im TV eben diesen Zusammenhang, Klima und Digitalisierung, natürlich als Billionen – Ansatz, gebetsmühlenartig als **einzige und letzte Chance** erläuternd vermittelt, die Menschen trotzdem keine Verbindung zwischen einem Virus, einer Finanz- und Wirtschaftskrise, ja einem Wirtschaftskrieg und ihrem Home – Office, Homeschooling usw. erkennen und davon überzeugt sind, das eine hätte mit dem anderen nichts zu tun, dann ist der Prozess der Industrialisierung der Hirne bereits auf einem guten Weg und die Erinnerung an unser natürliches Wesen verblasst im Eilzugtempo.

Die Isolation, in der neuen Normalität, gebärt einen Mangel an sozialer Interaktion und wird enorme Auswirkungen auf körperliche und kognitive Entwicklungen der Menschen, allen voran der Kinder, zur Folge haben.

Vergleichsweise könnte man über Einzelhaft sinnieren, um eine Vorstellung von dem zu entwickeln, was hier landauf landab mit nicht wenigen Menschen passiert. Ja und dann gibt es noch die kalkulierte Menge derer, denen das richtig gefällt. Ausschlafen, so tun als ob, der Familie zeigen, wie wichtig man ist. Seid bitte leise, Mama hat eine Konferenz. Ha!

Und dann haben wir noch die Handy– und „Zombie gegen Pflanzen"- Generation. Denen gefällt das alles sowieso. Big Brother – geil. Die Eltern online, ohne es zu wissen,

„Feind hört mit", die Lehrer in Laptop – Pose im Netz, Projektmanager im Nachtgewand, fast wie im Altenheim…, hast du schon den Ticker (?) jo, dasteht: „Corona - Dauerwelle"…okay, mega cool die Alte, dann hab ich Zeit.

Zweifellos kam der Lockdown einem nicht zu unterschätzenden Teil der Bevölkerung höchstgelegen und hat auch seine angenehmen Seiten, solange Geld fließt.

Es wird gemunkelt, dass auf dem Schwarzmarkt positive Tests zu guten Preisen gehandelt werde, um endlich mit Lohnfortzahlung zuhause bleiben zu können.

Es hat sich eine Corona – Fangemeinde gebildet.

Vielleicht erinnern sich noch einige Leser an die einst landwirtschaftlich geprägte Gesellschaft.

Auf einer Koppel stehende Pferde vermittelten ihren Fohlen, für uns Menschen nicht wahrnehmbar, alles Wissen, was sie brauchen, um zu überleben.

Stallpferde, also jene welche immer gestriegelt, möglichst ohne Winterfell, immer bereit für eine Preisverleihung, auf die Koppel traben, würden ohne die Hilfe des Menschen giftige Pflanzen fressen, so der Züchter diese nicht vorher ausgestochen hat, und sterben. Das Pferd wurde, in diesem Fall, vollständig kommerzialisiert und seiner Natur beraubt.

So geht es unseren Kindern, von denen die Mehrzahl, kurz nach der Geburt von den Eltern getrennt wird und, sagen wir, eine lockere Beziehung zu fremden Menschen aufbauen. Doch das ist der Staat.

Die Industrialisierung hat bereits seit vielen Jahren Eltern und Kinder getrennt, sodass der Staat bestimmt, was sie lernen sollen und natürlich auch was Normalität ist. Vereinzelt, heutzutage von Endgerät zu Endgerät. Alle mit Mund – und Nasenschutz. Diesem Prozess möchte die Alte (Kosename für den gegenderten Chef; der Blödsinn macht mir richtig Spaß) in der Krise einen Schub verleihen. Das bedeutet, nur ein dauerhaft aufrechterhaltener Druck kann die Menschen bewegen, etwas zu tun, was sie von allein nie machen würden. Nach dem Motto: Zwang öffnet den Weg zur Überzeugung, werden die Menschen im höchsten Maße individualisiert und voneinander getrennt. Das Nackig Machen stellt Big Brother in den Schatten.

Sind wir Menschen schon so abgestumpft, dass unsere Fantasie und Bildung nicht ausreichen, um die Folgen dieser nachhaltigen Zerstörung unserer gemeinschaftlichen Freiheit zu ahnen und können wir wirklich keinen Zusammenhang zwischen angehäuften Schulden, der weltweiten Zerstörung der Tier– und Pflanzenwelt und unserer Arbeitskultur herstellen.

Arbeit und Feierabend sind wichtige Stationen im Leben der Menschen. Die Erhöhung der Produktivität und die Flexibilisierung des Arbeitsmarktes hatte zu wenig Auswirkungen auf die Systeme unserer Gesellschaft, insbesondere auf das Bildungssystem. Anstatt es zu entschlacken, wurde es möglich, dass es an einer einzigen Schule verschiedenen Deutschbücher gibt, um ein Beispiel zu nennen, und so Eltern mit mehreren Kindern sich nur noch die Haare raufen können, denn, man hält es kaum für möglich, sogar die Welt der Begriffe deutliche Unterschiede zeigt. Der Erhöhung der Intensität des Arbeitsanteils am Leben, folgte eine höhere Belastung der Eltern bei der Bildung und Erziehung der Kinder. Sind die Eltern die Lehrer der Zukunft oder wird Bildung, investorenfreundlich, kommerzialisiert und Eltern bezahlen in Zukunft ausschließlich Privatlehrer.

Politik differenziert sozial und schafft Minderheiten, die wohl erst wieder zusammenfinden, wenn Lehrer die gleichen Kopfschmerzen vor den Bildschirmen spüren, an denen unsere Kinder leiden, Arbeit des anderen als Arbeit gesehen wird und wir in einem Nachkriegszustand aufwachen.

Wer eins der besten Bildungssysteme der Welt erlebt hat, kann spüren, welcher Irrsinn hier in einem viertel Jahrhundert installiert wurde. Ist es normal, dass Menschen glücklich sind, keine Kinder versorgen zu müssen, wenn sie sehen was für Eltern die neue Normalität bedeutet?

Es gibt Leute, die halten Rückschritt für Fortschritt. Der Mensch neigt zu „basta", wenn der Kopf qualmt und lebt gern in der Einbildung, dass es nicht anders ginge. **Hier bricht eine qualifizierte Hierarchie zusammen und das Kanzleramt wird zur Heimsuchung!**

Sind wir schon so weit geistig verkommen, dass sich Jene mit viel Einkommen auf dem Olymp wähnen und, es ist anzunehmen gerade deshalb, zum Erhalt eines Klapperkastens beitragen, deren Sanierung bewusst verschlampt wurde und seit zwanzig Jahren mit einer Kulturrevolution gerettet werden soll. Die Weisheit: „Schuster bleib bei deinen Leisten" ist im Stall zertrampelt worden und die Deutschen müssten sich die Frage stellen, wie es möglich wurde, einen stalinistisch anmutenden Personenkult um eine Kanzlerdemokratie, revolutionären Veränderungen vorzuziehen. Oder ist es wirklich so, dass ein ausgeleiertes Gleis erst dann ersetzt werden kann, wenn Tote zu beklagen sind? Weil in der Demokratie jeder reinquatschen darf und wir nicht vom Fleck kommen? Werden wir deshalb in einen Nachkriegszustand gebeamt?

Das ist ein Spiel mit dem Feuer, denn die Alte kann nicht verlieren und ist nicht zimperlich. In den letzten Jahren sind einige über die Klinge gesprungen, die dachten, fest im Sattel zu sitzen.

In welchen Lebensbereich wir auch schauen, es fehlt an ausgebildeten und motivierten Fachkräften. Jedem Organismus, für diese Erkenntnis bedarf es keiner höheren Ausbildung, wird die Lebensgrundlage entzogen, wenn seine Zellen zerstört werden. Die kleinste Zelle der Menschheit ist die Familie.

Die Führungsprinzipien, darunter jenes der Differenzierung, verstümmeln diese Zelle. Verbinden wir diese Wahrnehmung mit der Tatsache, dass die Menschen global nachhaltig vergiftet werden, so ist die Schuld unserer Kulturrevolutionäre nicht minder schwer, als jener Diktatoren, Krieger und Mörder von der Vergangenheit bis zur Gegenwart.

Anlehnend an den Satz von Österreichs Kanzler Kurz: „Jeder wird bald einen kennen der an Corona gestorben ist", kann ich nur betonen: Jeder kennt nicht nur einen der an Krebs gestorben ist.

Wenn unseren so übermächtigen Politikern an der Volksgesundheit, wir gehören auch zur „Umwelt", läge, würden sie das Gift aus den Regalen nehmen lassen.

In naher Zukunft wird auf der einen Seite das Aquarium so klein werden, dass die Fische ihre Eier selbst fressen und auf der anderen Seite wird die Schlemmerei ins Uferlose ausarten.

Die alibistische Planwirtschaft über die Einführung des Elterngeldes, ohne die Rahmenbedingungen für eine kinderfreundliche Umgebung zu ändern, hin zur Einwanderungspolitik war Programm und wahrlich Teil einer Kulturrevolution, weg von einer individuellen Freiheit, hin zu einer Freiheit des ungezügelt fließenden Geldes (Schulden), welche sich wie die Pest über die Erde verbreitet. Diese sogenannten Werte, haben durch die ideologisch geführte Kulturrevolution, die Seelen der Menschen erfasst. Ob bei Stalin, Hitler, Mao Zedong, Pol Pot und anderen, immer wieder führt es dazu, dass Menschen ein abnormes Verhalten zeigen, lügen und im Dienst der Kulturrevolutionäre anderen Menschen bereitwillig und geblendet Schaden zufügen. Für Geld tun viele alles.

Die Erkenntnis, dass Wirtschaft möglichst reibungslos laufen muss, vereint Regime. So gesehen, dienen die Corona - Maßnahmen den gesponserten Unternehmen, den Banken und der Börse, während Leidtragende, die sich wehren, gnadenlos abgestempelt werden und ein Totallockdown prophylaktisch um die Ohren gehauen wird.

So kommt es, dass den einen mit Psychiatrie gedroht wird und Gegendemonstranten, die Arme breit schwingend tanzen und rufen: „mir geht's es gut, mir geht es gut!" Die Alte flog übers Kuckucksnest, möchte man meinen und sie lacht und lacht, behandelt uns wie Kinder.

Die Annahme der politischen Führer, man könne beliebig, wenn möglich ausgebildete Fachkräfte zur Zuwanderung bewegen und sei es mit Krieg, bleibt humanistischer Unfug, eine politische Finte, inklusive der Berechnung, dass die Auswanderungsländer großen Schaden nehmen würden und folglich ihre Freiheit und Zahlungsfähigkeit verlieren. Das muss man wollen und der Begriff Kaltschnäuzigkeit muss hier doch dem der Skrupellosigkeit weichen.

Für diese Schuld wird Deutschland, das Volk natürlich, bezahlen müssen. Es hebt meine Stimmung für anderer Schulden arbeiten zu dürfen. Dem einen oder anderen Leser ist das vielleicht unter dem Begriff Solidargemeinschaft bekannt. Einer zahle des anderen Schuld.

Wie war es möglich, die Menschen mit einhundert Prozent Inflation, bei der Einführung des Euro, um ihre Rente zu betrügen, gesetzwidrig die Kassen zu plündern, um der ansteigenden Alten Armut eine Corona – Generation folgen zu lassen und rein rechnerisch eine rote Null herbeizuzaubern. Eine Verwaltung, die nicht über die Mittel zur Regenerierung der eigenen Bevölkerung verfügt, hat „gefühlt" den steuerfinanzierten Weg der Daseinsvorsorge verlassen und macht sich aus dem Staub. Die Alte und ihr Gefolge ziehen von der leergefressenen Erdgeschosswohnung in das Dachgeschoss, zur Barley, und das Gelage kann weiter gehen. Gänge es etwas demokratisch, volksherrschaftlich zu, müssten die, die sich da aus dem Staub machen, Vergnügungssteuer zahlen. LoL.

Hehehe! **Geschichte wiederholt sich!**

Mit der profitablen Globalisierung wurde das Verhältnis zwischen Bevölkerungsgröße und Ressourcen der Nationalstaaten nachhaltig verschoben. Eine generationenübergreifende Arbeitsteilung wurde hinfällig, da der Zugriff auf Arbeitskräfte beliebig ist.

Nach wie vor gilt, dass mit der Vermehrung der Bevölkerung, sich die Marktgemeinde und der Reichtum des Staates vergrößert. Hat der Staat den beliebigen und globalen Zugriff nach Bedarf zum Herrschaftsparadigma erklärt, werden kostenintensive Strukturen obsolet, welche beginnend mit der Geburt, der Betreuung im Kleinkindalter, der schulischen und betrieblichen Bildung in Zusammenhang stehen. Die Fachkräfte werden einfach, meistens kostenfrei, importiert. Übertrieben spekuliert, könnten die paar einheimischen Hansel locker von Endgerät zu Endgerät geschult werden und sie werden sich anstrengen, da sie in eine weltweite Konkurrenz gestellt werden.

Der **Hilfeschrei der Justiz**, verdeutlicht die Entwicklung, hin zur Unregierbarkeit.

Digitalisiert, könnten Straftäter aus ihrer Zelle heraus online im Gericht, von Endgerät zu Endgerät, zugeschaltet werden und geänderte Gesetze und Bestimmungen, würden den Weg für Blitzurteile freimachen.

Vielleicht könnten wir auch ein schönes Fleckchen hinter dem Ural anmieten, damit nicht, bei der Bildung eingesparte, Gelder, im Justizvollzug landen.

Corona und weiß der Himmel wie viele Viren noch, müssen nun dafür herhalten, dass die Führer, übrigens zum wiederholten Male, abgewirtschaftet, die Werte der Menschen verraten und unser Geld veruntreut haben. Es grenzt schon an ein Wunder, dass die Bafin nunmehr, natürlich langfristig und eigentlich nicht wirklich, eingreifen will, wenn das Geld der sparenden Bürger verfressen wird.

Ihre und damit unsere letzte Rettung, ist, auf Gedeih und Verderb, die Schuldenunion, ein höheres Schuldenlevel, denn ohne Schulden bleibt unseren Politikern die Spucke weg und sie wären nicht regierungsfähig. Angesichts dieser Tatsache muss sich manch ein gesundes Unternehmen aus der Art geschlagen und wie ein Kleinkrimineller fühlen.

Schuldenunion heißt, wer keine hat bekommt welche, wer schon überhat, gibt ab, saniert sich, eine große Umwälzung, auch Revolution genannt, unter den Bedingungen der widerspruchslosen neuen Normalität. Wow.

Ohne Entsatzoffensive wäre die Show vorbei.

Bisher kommen wir über eine Einkesselung nicht hinaus.

Dazu bedarf es einer Neuordnung und die sogenannte Digitalisierung ist ein Teil des Weges, überholte Strukturen zu zerschlagen, Kleinfürsten einzubürgern, Kosten massiv nach unten zu verlagern, Speckschichten abzutragen, die Kleinstaaterei in Europa auszudünnen und die Wettbewerbsfähigkeit zu erhöhen. Für fünf Macher ein Aufpasser – das war mal.

Zwingt uns die „Corona"- Strategie zur Digitalisierung unseres Lebens?

Zwänge der Staat die Schüler zur Wiederholung des Schuljahres, stieße das auf organisatorische Grenzen. Die Kinder im Kindergarten ein Jahr später einschulen, die Krippenkinder…, die Niederkunft…

Gehen wir aber zum Online – Lernen über, spart der Staat gigantische Summen ein und kann so mehrere Fliegen mit einer Klappe schlagen.

Die Frage ist, ob diese Gesellschaftsordnung das unter freiheitlichen und freizügigen Bedingungen bewerkstelligen kann, oder die weit auseinander gehenden Lebensbedingungen dieser Revolution den Boden entziehen, oder ob sich, wie es Erich Kästner formulierte, der Blödsinn weiter nur im Kreise dreht.

Was hat sie, die Frau auf dem Cover, organisiert? Jeder dem anderen sein Teufel, jeder ohne Maske dem anderen sein Tod, statt jeder trage des anderen Last?

Und das ist erst der Anfang. Zur Digitalisierung unserer Lebensbereiche gehört auch ein digitales Belohnungssystem, gemessen am Verhalten und der Leistung in der neuen Normalität.

Erinnern wir uns an den geistigen Erguss von Frau Barley (Vizepräsidentin des Europäischen Parlamentes und Mitglied der deutschen Sozialdemokratie), so können wir erahnen wie gewaltsam und wie tief die neue Normalität unser Leben beeinflussen wird. Dieses gewünschte, auf Schulden gegründete Europa, entsteht nicht von heute auf morgen.

Mit Corona, wie es so schön heißt, oder durch Corona, wurden Angebot und Nachfrage verschoben und die Inflation wird möglicherweise beflügelt. Das Deutschland und Europa der unterschiedlichen Geschwindigkeiten erfordern dafür jedoch erneut Schulden und die vielen Millionen in prekären Arbeitsverhältnissen, in Armut und dergleichen, bis hinein in den Mittelstand, haben wenig bis nichts zu verlieren. Es ist kaum damit zu rechnen, dass sie aus freien Stücken ihr letztes Hemd hergeben oder den Übermut besitzen, sich erneut in hohe Schulden zu stürzen. **Die Nerven liegen blank!**

Die inzwischen abgedroschenen Phrasen vom Klimawandel, der vom Menschen aufgehalten werden kann, bei gleichzeitiger alternativloser energieintensiverer Wachstumspolitik, endlosen Wegen um den Erdball, einem höheren CO_2 Ausstoß, denken wir an den Bitcoin, die, alles bisherige in den Schatten stellende Digitalisierung, die grüne Keule für die Wirtschaft oder weiterem Fortschritt aus erschaffenem Sondermüll, der Einfluss der privaten Haushalte auf das Klima ist extrem gering(!), wird über kurz oder lang, immer weniger Menschen hinter dem Ofen hervorlocken, zumal genau genommen, die wenigen Freiheiten immer weiter reduziert werden und Bevormundung, sowie Repression das Leben durchsetzen.

Wenn man selbst im Arsch ist, macht die Rettung der Erde auch keinen Spaß mehr.

Als Klimakanzlerin hat sie begonnen und als Corona – Schreck wird sie abtreten, auch wenn sie noch so sehr den grünen Lappen windet.

Der Investitionsstandort Deutschland aber steht noch und das ist wichtiger als alle Herrschaftsparadigmen zusammen.

Dem Traum, dass Arbeitnehmer und Selbständige Teile ihres Verdienstes fortlaufend und spekulativ an der Börse oder sonst wo investieren, sind geistige – und netto-Grenzen gesetzt. Also wird der Staat zum Dieb und Hehler und zieht es ab, vom Brutto, versteht sich.

Corona ist so gesehen für die abgewirtschafteten Regierungen der Heilsbringer und wird bestimmt nicht das letzte Virus sein was uns aus der Notlage heraus motiviert, für weniger mehr zu arbeiten.

Letztendlich wird die „Coronakrise" als Ursache für die **Auflassung der bürgerlichen Rechte** in den europäischen Nationalstaaten in die Geschichte eingehen und festhalten, dass sie in größter Not, vom Tode bedroht, solidarisch…, dank der Maßnahmen keine signifikante Übersterblichkeit…, alles was uns in der Zukunft auf den Geist geht – aus der Corona – Not geboren wurde. Booh!

Rechtstaatlich, vor Entfremdung geschützter Besitz wird dann fiskal feilgeboten werden und die Kehrseite unseres industrialisierten Wohlstandes, der Schuldendienst, zur Genesung der Investoren befriedigt.

Weniger das Virus als mehr die politischen Maßnahmen, haben den Verlauf der Geschichte beeinflusst, vielleicht, zumindest bisher Unruhen in Europa verhindert, auf jeden Fall die Grenzen der Wachstumsgesellschaft in der jetzigen Form gezogen und den Wahnsinn, beginnend mit schier unendlichen Kreditlinien gelöst von der Realwirtschaft, verlangsamt. Die Herrschaft nimmt einen Paradigmenwechsel vor, bohrt jedoch das dünne Brett, weil sie kein Kreuz hat ihrer gezüchteten Wählerschaft in den Arsch zu treten. Im Gegenteil, die Regierung erhöht deren Löhne noch, im Grunde genommen Korruption (Bestechung) auf höchstem Niveau. **So geht Revolution nicht!**

Kaum ein sich in westlicher Lebensweise wiegender Mensch verschwendet einen Gedanken an Inflationspolitik, Buchgeldschöpfung und der damit verbundenen Geldillusion.

Die Erhöhung der ungedeckten Geldmenge wird wohl

wahrgenommen, jedoch durch das Ausbleiben signifikanter Konsequenzen, in der Coronakrise Kurzarbeitergeld, Lohnfortzahlung an Bedienstete des Staates usw., als stabile Politik aufgefasst. Das Geldmonopol des Staates, auch zur Finanzierung von Kriegen zum Erreichen eines höheren Levels an Ressourcen, zur Schuldentragfähigkeit und Schuldenerlassbereitschaft, verhindert die Kontraktion der Geldmenge, die als ein entscheidender Auslöser des Desasters von 1929 gilt.

Die Selbstregulierungskräfte des Marktes, die entscheidend für einen funktionierenden Marktmechanismus sind und welcher als überlegener Koordinationsmechanismus zu einer Bedürfnisse befriedigenden Verteilungseffizienz führt, setzt der Staat mit dem Geldmonopol und der damit möglichen Geldproduktion außer Kraft.

Immer hektischer und brutaler, vergleiche Barley, muss eine Marktvergrößerung, und da gehört Afrika und die Einwanderung dazu, mit allen politischen Mitteln erzwungen werden. Die Kreise des aufwendigen Warenumschlages werden immer kostenintensiver, Ressourcen verschlingender, jedoch für den Staat, im Grunde für die Parteien, abschöpfbar. Begehrlichkeitsrechte nehmen Einfluss auf die strategische Ausrichtung der Politik.

Die Kuh ist also nicht vom Eis und die Auszahlung der Arbeitsleistung in Naturalien kein Hirngespinst, wenn Großkonzerne Geld außer Landes schaffen.

Die Geschichte zeigt aber, dass immer mehr Menschen, wie eh und je, in solchen Situationen, dem System den

Rücken kehren und aus dem Käfig ausbrechen, nicht wenige keinen Ausweg sehen und sich das Leben nehmen. Wen wundert es, dass die Diktatur seinen Lauf nimmt und der populistische Schwachsinn die Menschen zur Verzweiflung treibt. Und die Alte lacht. Wie sie das Land spaltet, differenziert und den Charakter der Menschen verändert – nicht zu fassen. Eine Pfarrerstochter. Der Teufel hätte seine Freude.

Einkommen und Lebensplanung ade auf der einen -, alles Mist und Geld kommt auf der anderen Seite, haben wir ein Glück. Differenzierung pur.

Den absoluten Vogel schießen dabei die Linken ab. Im feinen Zwirn und erhaben Weisheiten versprühend, lecken sie der Kulturrevolution den Arsch aus, nicht ahnend das die Alte sie bereits gefressen hat, **denn was sie nicht will, ist Sozialismus**, während die gewählten Grünen Vampire, endlich, mit der Mär vom Weltuntergang, an das große Geld wollen. Wer das bezweifelt, sollte einen Blick hinter die Kulissen des Fraktionszwanges und der Staatsräson werfen. Das ist eine andere Welt! Sie wollen die **Differenzierung** so auf die Spitze treiben, dass wir uns selbst nicht mehr erkennen, gegendert, unsere **Identität** verlieren und sie Gottvater Zeus gleich, vom Olymp aus, uns beliebig den Marsch blasen.

Was sie da treiben, hat mit sauberer Luft und gesundem Wald schon lange nicht mehr viel zu tun. Sie schwingen sich im Mainstream zur diktatorischen Herrschaft auf.

„In … (den Familien; Anmerk. d. Verfassers) wird menschliches Leben weitergegeben, erleben die Kinder durch Erziehung, Sozialisation und Tradierung kultureller Werte ihre „zweite, sozio – kulturelle Geburt" (*Dieter*

Claessens), werden die Mitglieder materiell versorgt und erholen sich, wird Solidarität erlernt und praktiziert und werden kranke sowie alte Familienmitglieder gepflegt.". *(Heinz Lampert, 1996. Priorität für die Familie, Soziale Orientierung, Band 10. Duncker & Humblot, Berlin)*

Indem diese Lebensader, nun seit vielen Jahren, kommerzialisiert, zu Geld gemacht wird, werden wir zunehmend entsozialisiert und Digitalisierung, durchschnüffelt von unzähligen Geheimdiensten, könnte uns den Rest geben. Eine **Differenzierung** gigantischen Ausmaßes. Der Identitätsverlust ist epochal und der Kanzlerin scheint es dabei so ziemlich egal, in welcher Konstellation der Laden über die Zeit gebracht wird.

Denken sie nicht über das Prinzip der Differenzierung nach, kennen es nicht und wissen nicht das die da das mit Absicht tun, dann werden sie immer die falschen Fragen stellen. Das Problem ist der kalkulierte Vorsatz. Sie wollen das die Menschen sich nicht mehr zurechtfinden, sie wollen das wir nicht wissen was hinten und vorn ist und sie wollen das wir uns über unnütze Dinge den Kopf zerbrechen, z.B. gendern, während sie über viele Jahre ein Fadengeflecht, gleich einem Myzel, anlegen und wir Bürger die Morcheln erst wahrnehmen, wenn sie bereits stinken.

Was viele Menschen als Gleichmacherei auffassen, ist das Gegenteil davon. Sie, die Befürworter einer neuen Sprache, fokussieren auf die Unterschiede und lösen die einfache Satzaussage, den kleinsten Satzkern, welcher in den meisten Fällen unabhängig von Geschlecht und sexuellen Neigungen ist, auf. Diese Sexualisierung spricht nicht an, sie trennt in…! Jeder, maximal differenziert, soll sich ganz allein, möglichst mit einem schlechten Gewissen seiner Umwelt, dem Klima gegenüber, mit den kollektiven Interessen konfrontiert sehen, ohne dass die Allgemeinheit, wir Bürger die Eigentümer der Volkswirtschaft sind. Hier macht sich die Diktatur einer Minderheit breit, die uns in „vertrauenswürdige" und „aussätzige" Menschen einzuteilen versucht.

What the fuck?

Dort, hinter den Kulissen, wo im Lockdown gefeiert wird, werden Nägel mit Köpfen gemacht. Natürlich ohne uns. Hinter dem Vorhang wird an der Durchsetzung der neuen Normalität, mit Corona, hoffentlich nehmen sie nicht noch die Bakterien dazu, gebastelt und je länger der Lockdown desto fruchtbarer der Boden.

Es geht nicht darum, welches Vakzin gut oder schlechter ist, nicht um die Reihenfolge, sondern um die Installation eines Programmes. Selbst der Ethikrat ist locker im Schritt und begleitet diese Revolution.

Wachstumsfaktoren, hierbei, ein immer wiederkehrender Geldschöpfungsmechanismus, stehen als Rettungsanker hoch im Kurs! Bei Erfolg kann sich auch ein Gesundheitsminister eine goldene Nase verdienen.

In einer teilweise von der Europäischen Union finanzierten und beauftragten (*Letzte Aktualisierung: 3. November 2009 Aktenzeichen: 31429*) und in Auszügen im Fachjournal Science veröffentlichten Studie heißt es: "Diese Studie untersucht den Einsatz von Impfstoffen zur Kontrolle der pandemischen Grippe". „Präpandemie-Impfstoffe haben den Vorteil, dass sie zur Prophylaxe verwendet und im Fall einer Krise schnell an Risikogruppen ausgeliefert werden können. Doch in der Regel stimmen sie nicht genau mit zirkulierenden Stämmen überein. Unsere Arbeit zeigt, dass selbst diese Vakzine (um diese geht es zurzeit; Anmerk. d. Verfassers) der Bevölkerung zugutekommen können, weil durch eine erhöhte Impfrate in der Bevölkerung die ungenaue Übereinstimmung zwischen den Stämmen ausgeglichen werden kann. Es geht darum, diese Ergebnisse mit einer Epidemiedynamik zu verbinden, was ein realistisches Ziel ist, **da immer mehr Sequenzdaten von Grippeviren erfasst werden**. Die hier vorgestellten Ideen könnten auf eine breite Spanne von Infektionen ausgeweitet werden, einschließlich neuer, wiederkehrender und vorhandener Infektionskrankheiten."

Na, wenn das kein Geschäftsmodell für Gewinn und Macht ist.

Das **Milliardengeschäft** mit Masken, Tests, Logistik und Impfungen boomt und auch der Staat wird, wie immer, seinen Teil abzweigen. **Ersparen wir uns, durch den Corona – Zinnober, den Krieg?**

Ist die Alte gar ein Friedensengel?

Ersparen wir uns den Sozialismus, indem wir faschistoide Verhältnisse installieren?

Impfungen zur Vorbeugung (Prophylaxe) mit einen *Prä –* Pandemie – Impfstoff.

Ein Impfstoff zur Vorbeugung mit einer Schutzwirkung, die keine Garantie bietet, nicht zu erkranken. Ein Impfstoff, das wissen wir aus den Erfahrungen der Grippeschutzimpfung, von teilweise suboptimaler Wirksamkeit. Das Coronavirus brauchte „drei" Tage um den Globus. Demnach könnte ohne weiteres ein geimpfter mit negativen Test, mit Corona – Reise -Pass, mit einer Mutante im Gepäck eine nächste Welle auslösen. Auch ein „legitimer" Grund bei fortschreitender Globalisierung, denn die Ratte kommt mit dem nächsten Schiff, alle regelmäßig durchzuimpfen.

Also das geht ja hier zu wie am Spieltisch in Monte Carlo, wenn immer mehr Sequenzdaten von Grippeviren erfasst werden können und dann, logisch, darauf getestet wird. Könnte sein, in wenigen Jahren, hat unsere Hautoberfläche das Schadensbild eines Junkies und bringt uns in Erklärungsnot bei der Verteidigung unseres Punktestandes. Die Alte faselt nun schon von „Impfungen über längere Jahre". Die letzte Krise dieser Art dauerte 28 Jahre!

Hier fließt nicht nur Geld, für wenige in Strömen, damit können ganze Völkerstämme beliebig an der Nase herumgeführt und eingelocht werden, wenn, wie in dieser Corona - Dauerwelle das Parlament ausgeknockt, quasi im Lohnfortzahlungsmechanismus glücklich verharrt, die haben da ein wirklich schönes Leben, und Kontrollmechanismen eingestampft wurden. Die Inszenierung könnte von Steven Spielberg stammen.

Die Kanzlerin war es seinerzeit höchstpersönlich, die unter dem Beifall der Ärzteschaft, Gesundheit zum Geldschöpfungsmodell Nummer eins erklärte und den Klimawandel zum Schein, mit höherem CO_2 Ausstoß, glühen ließ.

Nicht wenige Ärzte sind, seit dem **Beschluss der Alten**

und den Alt*innen und Alten, vom 01.03.2021, in der Krise froh, wenn sie endlich das Geschäft mit dem Test und der Spritze machen können.

Die anfallenden Provisionen machen selbst Politiker so schwindelig, dass sie auf der unteren Masken-, Kittel- und Impfstoff- Ebene ihre Marge abfassen und sich dabei so blöd anstellen, dass die Staatsanwaltschaft anrückt.

Inzwischen geht es zu wie im Kindergarten. In einer Kolumne von FOCUS Kolumnist Jan Fleischauer (27.02.2021) lese ich: „Die Oberbürgermeisterin von Köln, Henriette Reker, hat eine Idee, wie sich das Virus wirkungsvoller bekämpfen ließe. Warum nicht ein Belohnungssystem für Menschen einführen, die sich vorbildlich an die Pandemie-Regeln halten? Wer durch sein Verhalten gezeigt hat, **dass man ihm trauen kann**, der bekommt sukzessive seine Freiheiten zurück.
„Wenn eine niedrige Inzidenz automatisch Lockerungen bedeutet und eine steigende Inzidenz ebenso automatisch zu harten Einschränkungen führt, ist das transparent", sagte Frau Reker in einem Interview. Damit sei für jeden verständlich, warum es lohnenswert sei, sich an die Maßnahmen zu halten."
Ich finde, eine bodenlose Frechheit! Entweder sie tickt nicht richtig und weiß von nichts, was sehr stark zu bezweifeln ist, oder sie genießt es, uns blöde zu kommen. Sie weiß doch genau, dass Null – Corona nicht der Maßstab für Bewegungsfreiheit ist.
Eine **Wende** hin zum Kollektivismus, unter kapitalistischen Bedingungen?
Verschwörungstheoretiker können sich die Hände reiben.
„Unter **Kollektivismus** wird ein System von Werten und Normen verstanden, in dem das Wohlergehen des Kollektivs die höchste Priorität einnimmt. Die Interessen

des Individuums werden denen der im Kollektiv organisierten sozialen Gruppe untergeordnet." „Als politische Ideologien…gelten Kommunismus, Sozialismus und… der Nationalsozialismus." (Quelle: Wikipedia)

Da aber der private Besitz an den wichtigen Produktionsmitteln nicht abgeschafft wurde, scheiden Sozialismus und Kommunismus im Wettbewerb aus.
Was bleibt ist eine Diktatur, welche die Menschen in Klassen teilt und den Habitus der Menschen, bezogen auf ein, auf das jeweilige Subjekt gerichtete, Konzept, formt. Am Rechner und im Homeoffice ein Kinderspiel. Ob sich die Treiber dieser Entwicklung für privaten Besitz und privatwirtschaftliche Unternehmen entschieden haben, wissen wir nicht. Gegen die Wand fahren oder kreditierter Neustart sind auch eine Enteignung!
Hitler entschied sich für privatwirtschaftliche Unternehmen und Privatbesitz, enteignete jedoch einen großen Teil der Geschäftsleute, damals die Juden! Es könnte also auch sein, dass ein böses Erwachen folgt.

Schindet das Kanzleramt Zeit? Ist Corona der Notnagel in der weltweiten Krise des Kapitalismus?

Was fliegt uns hier um die Ohren?

Fest steht, wir verlassen den Rahmen des Grundgesetztes unter den Bedingungen des **politischen Lockdowns und der Allmacht des Kanzleramtes.**
Besitz- und Machterhalt im Insolvenzmodus. Warum sollten sie es sonst tun. Wegen der Viren, die hier eher da waren als wir? Das glauben sie doch selbst nicht.
Es werden in der Pandemie politische Ziele durchgesetzt.

Träger von Antigenen, bereits immunisierte, welcher Art auch immer, vererbt oder erworben usw., benötigen keine Präpandemie-Impfstoffe und auch keinen europäischen Impf-Reisepass, welcher auf eine Zukunft, mit Test und Impfungen, als Teil eines digitalisierten Belohnungssystem gesehen werden kann, denn eine Bescheinigung für einen einmaligen Fall wäre, für nicht immunisierte, getestete oder geimpfte, ausreichend, wenn da nicht fortlaufend neue Sequenzdaten erfasst würden.

Ein *negativer* Test, ein Antigentest, ist keine Garantie das man negativ ist. Er bedeutet auch nicht, dass man am nächsten Tag noch negativ ist. Das kann kein Test leisten. (Quelle: ntv Qualitätsmedium; Dr. Christoph Specht am 25.02.2021). Soweit der „wissenschaftliche" Erkenntnisstand nach dem ersten Coronajahr.

„Deshalb seien Antikörper-Schnelltests laut Experten Orth nicht zu gebrauchen. (verkauft werden sie dennoch; Anmerk. d. Verf.) Zu diesem Fazit kommt auch Professor Gregor Rothe, Leiter des Instituts für Laboratoriumsmedizin am Marienkrankenhaus in Hamburg: "Die Schnelltests sind viel zu unzuverlässig." Und wenn man mehrmals testet? "Das bringt leider auch nichts. Die Zahl der falsch positiven Tests nimmt schneller zu als die Zahl der richtig positiven Tests. Das heißt, man hat mit mehreren Tests auch kein zuverlässiges Ergebnis." Hinzu komme, dass laut aktuellen Studien etwa 30 Prozent der ohne Krankheitssymptome Infizierten nach der abgelaufenen Erkrankung keine Antikörper gebildet hatten." Das macht die Antikörper-Tests noch weniger aussagekräftig", bestätigt auch Orth. (www. Apothekenrundschau.de)

Dennoch werden regelmäßige Schnelltests an Schulen

durchgeführt. Da baut sich ein ungehöriger Druck auf!

Hat man dann den Nachweis Antikörper zu besitzen, gilt: „ist oft, aber nicht immer immun", so die Apothekenumschau.

Eine vorbeugende Impfung ist aber auch keine Garantie nicht zu erkranken, soll aber schweren Verläufen, so wie bei einer Grippeschutzimpfung, vorbeugen. Dafür gilt der „grüne" Impfausweis als Immunitätsnachweis, was schon fachlich Blödsinn ist, da die Wirksamkeit der Impfung begrenzt ist und wir durch permanent neue Mutanten eine Kondition in der Entwicklung haben, welche politische Maßnahmen, über Jahre, wie beim Mühle spielen möglich machen. Mühle auf – Mühle zu – Grenze auf – Grenze zu – Müllers Esel – der bist du.

„… niemand kann mit Sicherheit sagen, ob diese neuen Impfstoffe in sechs bis zwölf Monaten auch bei neuen Varianten wirksam sein werden. Wir können nicht hinterherhinken, wir müssen am Ball bleiben", erklärt Bancel. (Moderna – Chef; Anmerk.d. Verf.)

Im Kampf gegen das Coronavirus könnten sich die nächsten sechs Monate als Herausforderung erweisen. Für die südliche Hemisphäre stehen bald die kalten Wintermonate an, die beste Voraussetzungen für die Mutation eines Virus bieten. Andere Viren wie das Influenza-Virus neigen dazu, bei kaltem Wetter zu erstarken. Zwei der besorgniserregenden Varianten stammen bereits aus der südlichen Hemisphäre, und es ist möglich, dass noch weitere Varianten hinzukommen werden, sagte er.

Mit den Plänen für die **Auffrischungsimpfungen** hat Moderna sein Produktionsziel für **2022** von 1,2 Milliarden

Dosen weltweit auf 1,4 Milliarden erhöht — eine Steigerung von 16 Prozent." (Quelle: Allison DeAngelis - Business Insider Deutschland - Samstag, 27. Februar 2021)

Was folgt ist eine **Massen - Teststrategie** und damit wird Impfungen und permanenten **Auffrischungsimpfungen** der Weg bereitet. **So werden Grippewellen** (Drosten; es handelt sich um einen normalen Schnupfenerreger) **profitabel und für Geld machen alle mit!** Wenn es durch Forschung und Impfung möglich wird, alten und vorerkrankten das Leben zu verlängern, dann ist das Fortschritt. Aber was hier abgeht, ist eine neue Qualität des **Durchregierens in Krisenzeiten zur Erzielung von Profit.**

Erwachet! Mit diesem Bündnis wird nur eines möglich: beliebige Grenzkontrollen, Grenzziehungen (vgl. 15 km Radius), Absperrungen von Ortschaften, Straßenabschnitten und Gebäuden und Personenkontrolle. Analog und digital. Reisedokumente und Aufenthaltsgenehmigungen, selbst im Landesinneren, dank föderaler Struktur, natürlich limitiert, alles schon mal dagewesen!

RKI Chef Wieler am 26.02.2021: „Das Coronavirus werden wir nie mehr los!"

Megageile Aussage. Permanenter Impfmarathon und eine lückenlose Registrierung. Das macht nun wirklich keinen Spaß mehr!

Sachsen Ministerpräsident schließt die **Impfpflicht** nicht mehr aus, nachdem er selbst eine Impflicht mit Diktaturen, Pirna - Sonnenstein liegt gleich um die Ecke, verglich. Pflicht heißt Sanktionen bei Weigerung, Knast, Klapsmühle, Bonusheft. So eine Spinnerei, oder geht jetzt die Post ab?

Der **Algorithmus in den kommenden Monaten**: wöchentlicher Massentest (1-2-mal), in einem von der Kommune betriebenen Testzentrum, inklusive Bescheinigung (logisch: auf Verlangen vorzeigen) – Kontaktnachverfolgung (wer wann, wo, mit wem) - Identifizierung – Positivtest – sofortige Isolation - Quarantäne – Impfdruck - Betretungsverbote. **Die Jagd beginnt.**

US-Virologe Fauci, warnt derweil vor Zögerlichkeit beim Impfen. Über kurz oder lang werden Menschen animiert, auf andere Menschen mit dem Finger zu zeigen. Aufnäher gefällig?

Die Menschen sollten die Sache ernst nehmen! Faschismus ist ein Verein, ein Bund, ein **Bündlertum** und ein diktatorisches Regierungssystem und keineswegs abhängig von existierenden Konzentrationslagern, Judenverfolgung – Vernichtung, Gaskammern, gesetzloser Euthanasie, Vernichtungskrieg, Stacheldraht und einem Versprechen, Israel im Falle eines Krieges militärisch beizustehen. Nicht wenigen ging es bei Hitler blendend und für viele war es die beste Zeit ihres Lebens.

Eine Voraussetzung für Faschismus: die ausgestaltete soziale Differenzierung, eine gesäuberte und verschworene Klicke, gesichert durch Polizei und Militär, Geheimdienste etc., ein Feindbild nach innen und außen und die Aussetzung demokratischer Grundrechte. **Wer nicht dafür – der dagegen!** Regierungschefs werden bereits ohne ihre Wahl eingesetzt! Wahlen werden, unter den Einschränkungen der Pandemie organisiert oder fallen aus.

Meine Überzeugung, dass wir es mit Bündlertum zu tun haben, stützt sich auf die bereits erwähnten veröffentlicht zugängigen Studien, auf die Herstellung einer festen Verbindung von Wissenschaft und Politik, zur Durchsetzung politischer Ziele, welche bereits durch hochrangige Wissenschaftler, u.a. auch dem CDU-**Wirtschaftsrat**, in dem sich Unternehmer seit 1963 organisiert haben, kritisiert wurde und auf die Tatsache, dass Kritiker entfernt werden.

Diese Verbindung von Wissenschaft und Politik ist für sich genommen nichts Neues, nur die Qualität, in der neuen Normalität, deutet auf die Installierung einer ausufernden Diktatur hin. Wissenschaftliche Studien haben ergeben, so berichtete der Deutschlandfunk im Februar 2021, dass **sich die Infektionszahlen direkt proportional, zur AfD Wählerschaft und dem Wohnsitz der Querdenker, verhalten**. Was logisch wäre, da diese die Maßnahmen ablehnten und so das Virus verbreiten würden und ähnliche Ergebnisse im Fachjournal Science veröffentlicht worden wären.

Man kann über AfD und Querdenker seine Meinung haben, und es wird sehr viele Menschen geben, die am liebsten alles so lassen wollen wie es ist, abgesehen vom Lockdown, aber was zu viel ist, ist zu viel.

Erst recht, wenn die Vergleichszahlen, bezogen auf Grippe, schwere Atemwegserkrankungen und Übersterblichkeit, das landesweit überhaupt nicht hergeben!

What the fuck?

Wir erleben eine **Massenpsychose**, eine unglaubliche Hysterie. Gesunde und symptomfreie Menschen, geraten in Panik, kaufen „Momentaufnahmen" und wollen die lebensrettende Spritze bekommen. Die Welt, in der sie leben, ist die Welt der Medien. Immer mehr Menschen verschmelzen, auf die eine oder andere Art, mit dieser künstlichen Umgebung, diese formt sie, entzieht ihnen die eigenen Gedanken und die Menschen entwickeln eine abnorme und verfremdete Wahrnehmung ihrer Umwelt. Diese „Scheinwelt", ähnlich der Geldillusion, zerstört die Ich – Umwelt – Grenze. Die Folge: **Realitätsverlust und Wahnvorstellungen.**

Die Nationale Akademie der Wissenschaften, kurz auch **Leopoldina**, unsere älteste naturwissenschaftlich-medizinische Gelehrtengesellschaft vollzieht im Zuge dieser Kulturrevolution einen Eiertanz oder duckt sich weg. Während des Faschismus wurden politisch anrüchige suspendiert, Juden, wie Albert Einstein, ausgeschlossen. Ist der politische Druck wirklich so hoch oder gilt: **„Wes Brot ich ess, des Lied ich sing".**

Beim Reset nach 1929, lebten viele Menschen im Wahn der Jude wäre der Schuldige an der fürchterlichen Krise.

Es bot sich an, da „der jüdische Händler" am ehesten mit dem verhassten Geldsystem in Verbindung gebracht werden konnte, um nachfolgend die Hysterie, weg vom Geldsystem umzulenken und die jüdische Rasse als Ganzes zu verdammen, den „Kommunismus" abzuwenden und das System des Kapitals zu retten.

Beachte: Hitler sah sich als Linker (!), wurde von vielen Linken gewählt, war aber der Führer einer faschistischen Diktatur.

Heute leben die Menschen in dem Wahn, das Virus wäre der Grund für diese Mega-Krise und akzeptieren Gesetze und Maßnahmen, welche uns die individuelle Freiheit kosten und für die Zeit nach dem „Reset" klammheimlich beschlossen werden.

Es glaubt doch kein Mensch wirklich, dass alle diese Entwicklungen nötig wären, wenn das hier wie ein Länderspiel liefe und sieben Prozent gegnerische Opposition und 31 Reichsbürger in der Bundeswehr in Schach gehalten werden müssten. Betrachten wir jedoch zum Beispiel, neben den Finanzen, den Arbeitsmarkt, dessen Bild seit Jahrzehnten politisch verzerrt wird, indem dieser immer wieder neu definiert wurde, zig Millionen Menschen aus der Statistik fallen und treppab ihre Ansprüche verlieren, dann wüssten wir warum die Menschen auf der Straße wären und für ihre Lebensverhältnisse demonstrieren würden. Corona macht es möglich das Leben der Menschen umzukrempeln, neue Strukturen zu schaffen und gleichzeitig Proteste zu verhindern.

Ein Ergebnis der planmäßigen sozialen Differenzierung: „Immer mehr Gesellschaftsmitglieder schlagen sich mit immer beschränkteren **„Tunnelblicken"** durchs Leben; und wer hat dann eigentlich noch den Überblick über die Ordnung des gesellschaftlichen Ganzen?". (Uwe Schimank, 2001. Zitiert nach Michael Jäcke, *„...., dass man nichts zu wählen hat": Die Kontroverse um den Homo Oeconomicus*, Journalismustheorie: Next Generation, S. 71–95.).

Einige Parteien in Deutschland, mindestens jedoch bedeutende Teile jener Parteien, **welche sich des Staates bemächtigt**, sich von vorherrschenden Überzeugungen und Normen gelöst haben und **die Meinungs- und Bewegungsfreiheit von Verhaltensnormen abhängig machen, weisen bereits Merkmale einer Sekte** auf und wären in einer Normalität ein Fall für den Verfassungsschutz. Ich bin überzeugt, dass dieses Geblödel Mittel zum Zweck ist und verhindern soll das unsere Politiker in die Schusslinie geraten.

Ugur Sahin, Biontech-Gründer, glaubt an den Erfolg mit Mehrfachimpfungen, jedoch, so der mit dem Verdienstkreuz Geehrte, müsse die Impfung vielleicht **alle ein bis eineinhalb Jahre aufgefrischt** werden. Okeeeeey.

Der Spuk Corona wird nicht mit Massenimpfungen beendet sein, das hat die Alte schon angekündigt, vielleicht aber mit Bankenunion, Schuldenunion, dem Kehraus und dem Neustart.

Wer die Geschichte jetzt nicht versteht, dem ist leider nicht zu helfen.

Die Wall Street heizt mit Geld! Halleluja!

Niemand sieht die Tränen der vielen, vielen Menschen. Die Propaganda, die Kasernierung und Residenzpflicht machen es möglich. Alles normal – Neue Normalität (in allen politischen Farben)!

Ein berühmter Satz von Ludwig XIV. lautet: „Maiestas est summa in cives ac subditos Legibusque absoluta potestas!" Die Staatshoheit ist die gegenüber den Bürgern und Untertanen höchste und *von den Gesetzen gelöste Gewalt*!

So gesehen können Journalisten schreiben was sie wollen. Die Welt nach Corona wird die gleiche sein, auch wenn sie dem einen oder anderen ins Knie gefickt haben, viele Menschen, auch Firmen, Banken, Länder, sich in neuen Abhängigkeitsverhältnissen wiederfinden werden und sie begonnen haben, uns wie Leibeigene zu duzen.

Die Menschheit lernt nicht aus den Krisen, sie lernt allenfalls damit zu leben.